LE PLAN

DE

JÉRUSALEM

ET DE

BETHLÉEM

D'après M. COUADEAU

TOULOUSE

TYPOGRAPHIE MÉLANIE DUPIN — ROUX, SUCCᵗ

28, RUE DE LA POMME, 28

1879

CERTIFICAT

Jérusalem 8 août 1872.

Habitant du monastère de l'ECCE-HOMO, à la première Station de la Via Dolorosa, j'ai continuellement sous les yeux, du haut des terrasses des Religieuses de Notre-Dame de Sion, le spectacle imposant de la Ville-Sainte; je puis donc affirmer en connaissance de cause, et j'affirme en toute conscience l'exactitude surprenante, et dans son ensemble et jusques dans les moindres détails, du plan en relief que M. Couadeau vient d'exécuter.

Pour exprimer en un seul mot ma pensée sur le trvail prodigieux de M. Couadeau, je dirai que ce travail est la photographie en relief de Jérusalem.

C'est pourquoi je remets de grand cœur et avec un heureux empressement, cet humble témoignage de mon admiration au pieux et illustre artiste, à l'excellent M. Couadeau.

Père MARIE-ALPHONSE RATISBONNE

Directeur des Religieuses de Notre-Dame de Sion
et de leurs Orphelinats de Terre-Sainte.

Monsieur Couadeau, à Jérusalem.

LE
PLAN DE JÉRUSALEM[*]

La Judée est le pays où se réfugia Adam à la suite de son péché, et c'est sur le mont Golgotha (1) qu'il fut enseveli, au lieu même où, plus tard, devait être plantée la Croix du Rédempteur. Le crâne que l'on voit au pied d'un grand nombre de crucifix atteste cette tradition ; ce crâne est celui de notre premier Père.

C'est encore là que Melchisédech, vers l'an 2023 du monde, avait offert son sacrifice célèbre ; il fonda ensuite, sur le mont Acra (2), la ville de *Salem*, dont le nom signifie : *Paix*. *Melchisédech* fut inhumé au Calvaire

Jérusalem est bâtie sur six monts : le mont Sion (3), à 800 mètres au-dessus du niveau de la mer Méditerranée ; le mont Acra (2) ; le mont Moria (4) ; le mont Bezetha (5) ; le mont Golgotha (1) ; et le mont Gihon (6). Du

[*] Les numéros renvoient sur le Plan pour indiquer le lieu ou le monument dont on parle.

temps de Jésus-Christ, la ville comprenait trois monts seulement : Sion, *ville haute;* Acra, *ville basse;* Moria, *lieu choisi.*

Jérusalem, l'ancienne Salem, fondée, comme nous venons de le dire, par Melchisédech, tomba, cinquante ans après sa fondation, entre les mains des Jébuséens, qui construisirent sur le mont Sion une forteresse (7), qui s'appellera plus tard la Tour de David. Cinq siècles après, les enfants d'Israël, sous la conduite de Josué, s'emparèrent de la ville; mais la forteresse resta aux mains des Jébuséens, qui la gardèrent cinq siècles encore. Enfin, David la prit, en fit son palais et y plaça l'Arche d'alliance.

Le palais de David date par conséquent de mille ans avant Jésus-Christ. Les fossés sont encore les mêmes; les tours ont été détruites et puis rebâties. C'est du haut de la terrasse d'une de ces tours que David aperçut Bethsabée, la femme d'Urie, dont la maison (8) était tout auprès, et qui devint plus tard la mère de Salomon. Ce roi construisit, sur le vaste emplacement du mont Moria (4), le temple du vrai Dieu, connu sous le nom de temple de Salomon. Il occupait une superficie de 500 mètres de long sur 280 de large (15 hectares).

Ce temple fut détruit par Nabuchodonosor. Reconstruit plus tard, sous la domination des Perses, par Esdras et Néhémias, et restauré par Hérode, 19 ans avant Jésus-Christ, il n'occupa plus qu'un espace restreint au centre de l'emplacement de l'ancien temple de Salomon.

Aujourd'hui, ce même espace est occupé par la Mosquée d'Omar (9). Tout autour, le reste de l'emplacement du temple de Salomon est désert; on n'y voit que quelques oliviers et de l'herbe où l'on fait paître les chèvres et les brebis.

Autour de la mosquée, on remarque encore des dalles que certains auteurs prétendent être du temps de Jésus-Christ. Aucun chrétien ne peut entrer dans la mosquée sans avoir obtenu l'autorisation du gouverneur ou pacha qui habite un palais peu éloigné de là (10). On l'obtient facilement en s'adressant au consul de la nation à laquelle on appartient. On y va accompagné d'un gendarme qui protége les étrangers contre le fanatisme des gardiens, dits saints musulmans, logés dans les petites maisons que l'on aperçoit autour de la mosquée. Arrivé sur les dalles citées plus haut, le voyageur est tenu de quitter sa chaussure pour ne pas souiller le temple.

La mosquée d'Omar est en grande vénération parmi les musulmans, à cause d'un immense rocher qui en occupe presque la moitié et qu'ils croient être celui où Jacob endormi fut favorisé de sa vision célèbre. Ils veulent faire croire aussi que ce rocher se tient en l'air par la puissance de Mahomet ; mais, en réalité, il est soutenu par les quatres coins ; et quand on leur demande pourquoi ils ont placé ces quatre piliers, ils répondent que c'est pour ne pas épouvanter le femmes qui vont à la mosquée.

Non loin de la mosquée d'Omar (9) est la mosquée *d'El-Aksa*, jadis église *Sainte Marie* (11), bâtie par l'empereur Justinien sur l'emplacement où Notre-Seigneur fut présenté au temple. Elle est précédée d'un porche à sept arcades correspondant aux sept nefs de l'église ou mosquée ; c'est une des plus belles d'Orient. Lors des croisades, elle devint le palais des rois chrétiens de Jérusalem, qui cédèrent la partie ouest aux Templiers, dont on montre encore la vaste salle d'armes. C'est en allant de la coupole de l'église à cette salle divisée en deux nefs, qu'on trouve les *colonnes de l'épreuve*, si fort rapprochées qu'un homme de proportions moyennes peut à peine passer au milieu, sur quoi les Turcs ont bâti ce proverbe : « que celui qui ne peut passer entre ces deux colonnes ne pourra entrer au ciel », proverbe conforme d'ailleurs à la doctrine de Mahomet, qui prêcha l'abstinence au-dessous de l'esplanade du Temple. A l'avant de la mosquée d *El-Aksa,* on voit un grand souterrain voûté à plein cintre et soutenu par quatre-vingt-seize piliers d'origine solomonienne; il dut servir d'écurie aux bêtes de somme et aux chevaux des Templiers. La salle d'armes des Templiers fut bâtie sur les arrachements du *Pont-Xystus,* qui faisait communiquer le mont Sion au mont Moria; c'est de là que *Titus* s'efforça en vain d'exhorter à se rendre les Juifs obstinés qu'il voulait sauver. Les fondations de l'ancien temple de Jérusalem n'existent plus conformément aux prophéties; mais bien les murs de soutènement de *l'esplanade* au milieu de laquelle le temple était bâti. Ces murs extérieurs datent de Salomon (12). C'est contre la partie ouest de ces murs que les Juifs viennent en en grand nombre tous les vendredis, dans l'après-midi, y lire la bible et pleurer sur les ruines du temple et de leur nationalité.

Le nº 13 représente un établissement français dirigé par les dames de Sion, que le Père Ratisbonne, juif converti, a fait bâtir sur une partie de l'emplacement du palais de Pilate; on y voit l'arc de l'*Ecce-Homo,* du haut duquel Notre-Seigneur fut montré au peuple flagellé et couronné d'épines.

A 45ᵐ à l'est de l'arc de l'*Ecce-Homo,* on arrive à l'entrée de la caserne turque, jadis *tour Antonia.* Cette forteresse formait l'angle nord-ouest des deux galeries du premier temple. Elle était bâtie sur un rocher de 25ᵐ de haut, était carrée et avait 100ᵐ en tous sens. Elle était composée de quatre tours, dont trois avaient cinquante coudées de haut, et la quatrième, à l'angle sud-est, soixante-dix. Les Romains y tenaient une garnison, qui était augmentée aux jours des grandes solennités juives. Elle était en même temps la demeure du gouverneur, qui y avait son *Prétoire* (81). Aussi, est-ce là que Pilate prononça sa sentence de condamnation à mort contre Jésus, et que se trouve, par conséquent, le lieu de la 1re station de la Voie Douloureuse. C'est à côté de cette 1re station, dans la même caserne turque, qu'est le lieu du *Couronnement d'Epines*, sur lequel on construisit une petite chapelle qui sert actuellement de vestiaire au capitaine des gardes. Quant à *la Colonne de l'Impropère*, qui se trouvait en ce lieu, on la voit aujourd'hui dans une des chapelles de la basilique du Saint-Sépulcre. En face la caserne turque, de l'autre côté de la rue, est la petite église de *la Flagellation ;* elle avait été convertie en écurie par les Turcs; mais le Ciel, ayant puni cette profanation par la mort de tous les chevaux qu'on y mettait, elle fut restituée aux franciscains, qui l'ont restaurée et qui la desservent. Quant à la *Colonne de la Flagellation.* elle avait été transportée primitivement dans l'église du Saint-Cénacle, au mont Sion ; mais les musulmans l'ayant brisée en 1555, le révérendissime Custode, de Terre-Sainte, en envoya un morceau au pape Paul IV, un autre à Philippe II, roi d'Espagne, un troisième à Saint Marc de Venise, et en plaça la plus grosse partie dans une niche profonde, au-dessus de l'autel de gauche de la chapelle des franciscains, dans l'église du Saint-Sépulcre, où on la conserve derrière deux fortes grilles de fer. Elle est en porphyre et a 65c environ. Une fois l'an, le mercredi-saint, on ouvre les grilles et on permet au peuple de la vénérer de près et de la baiser. Quant à la *Colonne* entière, coloriée, tachetée de bleu et de blanc, qu'on vénère à l'église Sainte-Praxède, à Rome, elle y fut apportée du mont Sion, en 1223, par le cardinal Colonna. Elle a 75ᶜ de haut, a une base et un anneau en fer dans le haut. Contre le mur extérieur de la caserne turque, en face l'église de la Flagellation, sont les traces encore apparentes des vingt-huit marches de la *Scala sancta*, aujourd'hui à Rome, que Jésus-Christ dut monter et descendre plusieurs fois, durant sa Passion, pour aller au prétoire de Pilate et pour en revenir. C'est au bas de cet escalier que Jésus-Christ fut chargé de sa Croix (2ᵉ station), qu'il porta ensuite jusqu'au Calvaire.

Le Calvaire, du temps de Jésus-Christ, était hors la ville. Le mur d'enceinte partait de la porte de Damas et allait rejoindre la forteresse de David en décrivant un angle rentrant presque droit. C'est au centre de cet angle que se trouvait le Calvaire. On croit généralement que le Calvaire était une montagne; c'était un petit mamelon destiné au supplice des condamnés, sur le versant du Golgotha; on y montait par une pente assez rapide, qui commençait à la 5ᵉ station, dans la vallée de Tyropéon, ou rue de la Porte-de-Damas. — A la 3ᵉ station (16), située au point de jonction des rues de l'Ecce-Homo et de la Porte-de-Damas, Jésus tomba pour la première fois. Cette station, à 223ᵐ du bas de la Scala-Sancta, est indiquée par une colonne cassée en deux, couchée à main gauche contre le mur. — A la 4ᵉ station, à 37ᵐ de distance (17), à l'angle d'une contre-ruelle venant aussi du côté du Prétoire, Jésus rencontra sa Très-Sainte-Mère; il y avait jadis une chapelle dédiée à Notre-Dame du Spasme. A Jérusalem, les rues sont très étroites; elles n'ont que 2 ou 3ᵐ de large et sont souvent couvertes. La maison du pauvre Lazare, presque en face, fait saillie dans la rue comme une verrue sur la joue. La maison du Mauvais Riche est un peu plus loin (18), à cheval sur la rue de la Porte-de-Damas, qui se continue encore. — A la 5e station (19), à 27m de la 4e, Simon le Cyrénéen aida Jésus à porter sa Croix. C'est là que commence la rue qui conduit à la porte Judiciaire, et que la montée est plus rapide. Une pierre sculptée et encastrée dans le mur de la première maison, à gauche, indique nominativement cette station. A 89m de là et à 6m à l'ouest d'une voûte à cheval sur la rue, un morceau de colonne encastrée dans le pavé, à gauche, indique la 6e station (20) et l'emplacement de la maison de sainte Véronique. A 60m de cette station, on est au bout de la rue, à l'emplacement de la Porte-Judiciaire (14), qui est la 7e station : c'est là que Notre-Seigneur fit sa deuxième chute. On remarque, à ce même point, une *colonne* à laquelle fut affichée la sentence de mort de Jésus-Christ ; on peut l'apercevoir à la hauteur de 7 ou 8m, à travers une fenêtre toujours ouverte, au coin d'un jardin, jadis du consulat de France. Dans la rue qui fait face à celle que l'on quitte, à la distance de 31m, à la gauche, dans le mur du couvent grec de Saint-Caralambos, un trou dans une pierre indique la 8e station ; c'est là que Notre-Seigneur adressa la parole aux femmes de Jérusalem.

Ici, le chemin vers la 9e station est fermé ; on doit retourner sur ses pas et faire un grand contour pour y arriver. Elle est située à droite, près de la porte d'entrée du couvent-évêché Cophte, une colonne encastrée debout l'indique. C'est là que Jésus-Christ fit sa troisième chute (à 100 mètres environ de la 8e station).

Les cinq dernières stations sont dans la basilique du Saint-Sépulcre (21); cette basilique enveloppe à la fois le tombeau du Sauveur et le Calvaire. Après la porte d'entrée, à droite, on monte un escalier rapide de dix-neuf marches, et l'on se trouve sur un entre-sol formant une église à deux nefs. L'un des bras de la basilique, c'est l'église haute du Calvaire. La nef de droite appartient aux Latins et celle de gauche aux Grecs. La première travée de la nef de droite est le lieu de la dixième station, qui est indiqué par une rosace incrustée dans le pavé. Jésus y fut dépouillé de ses vêtements. Une fenêtre grillée sépare cette station de la chapelle des Francs, extérieure à la basilique, sur le même plan, et où se tenaient les saintes femmes pendant le dépouillement et le crucifiement du Sauveur. A 2^m à l'est de la station précédente, un carré en mosaïque dans le pavé, en avant de l'autel du crucifiement indique la 11e station. La nef de gauche et la partie nord du Calvaire est aux Grecs non-unis. Au-dessous de leur autel est le trou du rocher dans lequel la Croix fut plantée ; c'est le lieu auguste de la 12e station. Entre l'autel de la Plantation de la Croix et celui du Crucifiement, se trouve un petit autel dédié au *Stabat Mater*, et c'est entre celui-ci et le trou de la Croix qu'est la fente miraculeuse du rocher qui le traverse verticalement et qui se prolonge jusque dans la chapelle d'Adam, située immédiatement en dessous ; car la partie sud de la chapelle du Calvaire, l'autel et le pavé du Crucifiement sont des voûtes factices. Seuls, les autels de la Plantation de la Croix et du Stabat reposent sur la roche vraie du Calvaire, qui s'étend à environ 2^m de ces autels. Sainte Hélène voulant bâtir sa basilique, dégagea le tombeau de la masse, en coupa le vestibule et ne conserva du Calvaire que le lieu principal. La 13e station se fait, soit à l'autel du *Stabat*, soit à la *Pierre de l'Onction*, où l'on déposa le corps de Jésus-Christ après sa descente de la Croix. Cette pierre est située à 10^m de la porte d'entrée de la basilique. C'est une table rectangulaire en pierre rouge du pays, de 2ᵐ70ᶜ de long sur 1ᵐ3ᶜ de large. A 12ᵐ, à l'ouest de cette pierre, une cage ronde en fer indique le lieu où se tenaient les Saintes-Femmes pendant l'embaumement du Sauveur. A 12ᵐ de là et à 30ᵐ du Calvaire, est le Saint-Sépulcre, au-dessus duquel s'élève une grande coupole que sa couleur bleue fait remarquer au dehors et qui a été récemment réparée par la France et la Russie. Six religions ont droit de prier à ce Tombeau à des heures différentes : les Catholiques latins, les Grecs, les Arméniens, les Cophtes, les Syriens et les Éthiopiens. Ces trois derniers n'y viennent qu'en très petit nombre. Quarante-trois lampes, dont les treize du milieu aux Franciscains, y brûlent perpétuellement.

A 12ᵐ au nord du Saint-Sépulcre, une grande rosace sur le pavé indique le lieu de l'Apparition de Notre-Seigneur, sous la forme de jardinier, à sainte Marie-Magdelaine. La chapelle de sainte Hélène se trouve à l'extrémité opposée de la basilique ; elle appartient aux Éthiopiens, qui en louent l'usage aux Arméniens. On y descend par un escalier de vingt-neuf marches ; puis, par un autre de treize marches, on descend dans la chapelle de l'Invention de la Sainte-Croix, appartenant aux franciscains. Les Turcs ont la garde de la porte de la Basilique, dont ils ne permettent l'entrée que moyennant salaire, et sur la demande des chefs des diverses religions.

Nº 72. Vaste quadrilatère devant et au sud de la basilique du Saint-Sépulcre, jadis établissement des frères de Saint-Jean de Jérusalem, connus sous le nom de chevaliers de Rhodes et enfin de Malte. Lors de l'inauguration du canal de Suez, en 1869, le prince de Prusse l'obtint en don du sultan pour sa patrie, qui le possède encore.

Au numéro 22 se trouve le Cénacle, autrefois enfermé dans l'enceinte de la ville, dont les murs longeant la vallée de la Gehenne allaient rejoindre ceux du Temple. Le Cénacle est aujourd'hui hors la ville. Jérusalem à donc perdu de ce côté * et s'est agrandie des quartiers construits, aux environs du Calvaire. On voit aujourd'hui encore au Cénacle la salle haute, au lieu même où Jésus-Christ se réunissait avec ses apôtres et où il célébra la Cène. La salle du lavement des pieds est au-dessous.

En face le Cénacle est le palais de Caïphe (23) ; dans le palais on vénère la prison où Jésus-Christ fut enfermé la nuit du Jeudi au Vendredi-Saint : c'est une petite pièce qui a environ deux mètres carrés, où des lampes brûlent nuit et jour. L'autel du sanctuaire de cette église est formé par la grosse pierre qui fermait l'entrée du Sépulcre de Jésus Christ. Tout à côté est le cimetière catholique, celui des Grecs, et l'emplacement de la maison de saint Jean, où la Sainte-Vierge vint habiter après la mort de Jésus et où elle est morte.

Pour se rendre du Cénacle au *Jardin des Oliviers* (24), Jésus suivait un chemin entre les remparts de la ville et la vallée de la Géhenne, contournait le temple et traversait le Cédron, dans la vallée de Josaphat. Du Jardin des Oliviers, très étendu au temps de Notre-Seigneur, il ne reste aujourd'hui qu'un petit enclos qu'on nomme jardin de Gethsémani. On y remarque huit oliviers qu'on dit contemporains du Christ, trois surtout lui seraient même antérieurs de quatre cents ans : six hommes ont peine à en embrasser le tronc.

---

* Suivant cette prophétie : « Sion se labourera comme un champ : *Sion quasi ager arabitur* (Michée, iii, 12).

On fait cette évaluation d'âge d'après ce calcul : les oliviers, jusqu'à douze cents ans d'âge, paient un impôt au gouvernement turc ; un grand nombre autour de Jérusalem ne paient plus d'impôt et ont par conséquent franchi cette limite. Or, ces derniers n'ont pas la moitié de la grosseur des trois susmentionnés ; l'âge qu'on leur attribue n'est donc pas exagéré.

Près des murs de la partie supérieure du jardin de Gethsémani se trouve une colonne qui désigne le lieu où Judas donna le baiser de trahison (100).

En face le temple, de l'autre côté de la vallée, s'élève une colline appelée *Mont du Scandale* (26), parce que Salomon y scandalisa son peuple en y érigeant des autels aux faux dieux de ses femmes étrangères ; il y avait quelques figuiers, et c'est à l'un d'eux que Judas se pendit après son crime.

On voit aussi au jardin de Gethsémani les rochers où les disciples s'endormirent pendant que Jésus priait un peu plus bas, à une portée de pierre environ, à la grotte de l'Agonie On y descend aujourd'hui par un escalier de dix marches. Trois autels y ont été érigés, où les franciscains célèbrent la Messe tous les jours.

Du même côté de la vallée se trouvent les tombeaux de la Sainte Vierge, de saint Joseph, de sainte Anne, de saint Joachim (27). Pour y arriver, on descend quarante-huit degrés. Les Grecs les possèdent et y entretiennent nuit et jour des lampes allumées.

La vallée de Josaphat va du nord au sud de Jérusalem, sur une longueur de trois kilomètres et cent mètres de large. Au fond de la vallée coule le torrent de Cédron. Non loin du Jardin des Oliviers, un pont jeté sur le torrent est célèbre par la chute de Notre-Seigneur, que les soldats précipitèrent d'une hauteur de deux mètres cinquante environ.

Sur les bords du torrent et sur le versant du mont du Scandale s'élève le petit village de Siloë (28) ; auprès du village est la fontaine du même nom que l'on appelle aussi *Fontaine de la Vierge*, parce que la Sainte-Vierge, pendant qu'elle habitait chez le saint vieillard Siméon, dont la maison (29) était au coin du temple, venait y laver les langes de l'Enfant-Jésus. C'est cette fontaine qui alimente la piscine de Siloë (59), où Jésus guérit l'aveugle-né (15^m de long sur 4^m de large et 5^m de haut) ; puis viennent : l'*Étang de Salomon* (64), le *Jardin du Roi* (66), le lieu du *Martyre du prophète Isaïe* (65), scié en deux par ordre du roi Manassés, et le *Puits de Rogel* (67), où fut caché le feu sacré du temple lors du départ pour la captivité de Babylone.

En remontant vers le Cénacle, à gauche, on voit la grotte (30) où saint Pierre vint se réfugier après avoir renié Jésus-Christ ; en face, de l'autre côté de la vallée est le champ d'Haceldama (71) qui fut acheté avec les trente deniers, prix du sang de Notre-Seigneur ; et à côté, la *Grotte des Apôtres* (78) où sept ou huit d'entr'eux se cachèrent lors de l'arrestation de leur divin Maître, et les hauteurs de Tophet, si tristement célèbres par le temple de Moloch (69).

Au-dessus du jardin de Gethsémani, en montant le versant du mont des Oliviers, on s'arrête à l'endroit où Jésus pleura sur Jérusalem (31) ; plus haut, contre un mur, est la piscine (32) où les apôtres composèrent le *Credo* ; plus haut s'élève une belle église (33), et un monastère de Carmélites, là même où Notre-Seigneur institua le *Pater* ; dans le cloître de ce monastère, trente-deux plaques en porcelaine reproduisent cette divine prière en trente-deux langues différentes. L'église et le monastère du *Pater*, construits par la princesse de la Tour-d'Auvergne, viennent d'être donnés par elle à la France.

Au sommet du mont des Oliviers s'élève l'église de l'Ascension (34) ; une coupole couvre le lieu même où Jésus laissa l'empreinte de son pied gauche en montant au ciel. Cette église, elle aussi, a été convertie en mosquée musulmane ; toutefois les catholiques peuvent y faire célébrer la Messe une fois l'an, le jour de l'Ascension ; on y porte un autel. Tous les pèlerins qui visitent l'église de l'Ascension ont soin de mettre leur pied dans l'empreinte que Jésus-Christ laissa sur la pierre ; de telle sorte que la pierre en a été usée et que l'empreinte est aujourd'hui très étendue.

Des minarets s'élèvent de divers côtés au-dessus de Jérusalem ; ils ressemblent à des balcons, du haut desquels les Turcs chantent la prière quatre fois par jour. A ce moment, tous les musulmans, où qu'ils soient, tombent à genoux. Quand le musulman est en prières, rien ne peut le distraire ; il serait bien à désirer que les catholiques en ce point fissent de même, eux qui sont dans la bonne voie et dans la vraie religion. Comme preuve, voici un fait : Le Coran ou la loi de Mahomet ordonne de tuer quiconque appartient à une religion étrangère. Cela peut-il venir du vrai Dieu ? Non, certainement. Au contraire, qu'on lise la vie de Jésus-Christ, sa doctrine : il ordonne de pardonner à ses ennemis, et Lui-même, mis à mort, pardonne à ses bourreaux et prie pour eux. Voilà le vrai Dieu ! Entre le mont des Oliviers et le mont du Scandale un chemin conduit à Béthanie, où vivaient Lazare, Marthe et Marie ; de Béthanie, on continue jusqu'au Jourdain et à la Mer-Morte, à 6 lieues de Jérusalem.

Près de Béthanie est le village de Bethphagé, détruit depuis longtemps, où N.-S. se fit amener une ânesse pour faire son entrée triomphante à Jérusalem, le jour des Rameaux. De Bethphagé, il traversa le mont des Oliviers, s'arrêta à mi-côte environ sur le versant qui regardait la ville et pleura sur Jérusalem ; il y entra ensuite par la célèbre porte Dorée (35) qui faisait face au temple et qui était, de ce temps-là, la principale. Elle a été murée depuis par les musulmans, parce qu'ils croient que les chrétiens rentreront par là quand ils viendront reprendre Jérusalem. Par suite de cette même croyance, toutes les portes de la ville sont fermées tous les vendredis, d'une heure à trois.

Voici, au n° 36, l'église Sainte-Anne, où est née la Sainte-Vierge et où elle a été conçue sans péché. La Turquie l'a donnée à la France, qui a dépensé quinze cent mille francs pour la restaurer. Elle est desservie par les Pères des missions africaines de Mgr l'archevêque d'Alger, qui y ont fondé une maison de hautes études scripturaires.

37. Le camp des Francs, où campa Godefroy de Bouillon.

38. Voilà la brèche par où il entra dans Jérusalem.

39. La grotte où Jérémie composa ses sublimes lamentations, aujourd'hui habitée par de pauvres familles arabes.

40. La porte de Damas par où saint Paul sortit de Jérusalem.

De la porte de Damas part le chemin qui conduit à Nazareth, en Galilée.

41. Le couvent de Saint-Sauveur appartenant aux Pères franciscains, qui ont la garde du Saint-Sépulcre et de tous les lieux saints. Ils ont aussi une maison d'hospitalité (42) où tout pèlerin, sans distinction de nationalité ou autre, est reçu, logé et nourri gratuitement pendant quinze jours, après quoi, on donne ce que l'on veut.

43. Le patriarchat latin avec sa cathédrale et son séminaire ; il a été construit par M⁽gʳ⁾ Valerga, patriarche latin, mort en 1874. Son successeur est M⁽gʳ⁾ Vincent Bracco.

43 *bis*. La *Tour Pséphina*, à l'angle nord-ouest des remparts de Jérusalem, et nouvel établissement des *Frères des Écoles chrétiennes* (octobre 1878).

Le numéro 44 indique de vastes établissements russes environnant leur cathédrale (45) et destinés à recevoir les pèlerins de leur nation, qui y viennent annuellement au nombre de quinze à vingt mille, tandis que l'Europe entière n'en fournit guère plus de 300.

46. La porte et la route de Jaffa, par où arrivent tous les pèlerins d'Europe

47. Un temple protestant, bâti sur l'emplacement du palais d'Hérode-le-Grand (47), roi de Judée, le meurtrier des Saints-Innocents, le palais d'Hérode-Antipas, Tétrarque de Galilée, était sur le mont Bézetha, au point où se bifurque la rue qui longe le mur *est* du couvent des *Dames de Sion* et qui se dirige au nord (57). C'est là que ce prince, déjà meurtrier de saint Jean-Baptiste, tourna en dérision Notre-Seigneur, que Pilate lui avait envoyé. Maison de Simon le Pharisien, où Marie-Magdelaine oignit les pieds du Sauveur (58). Cette maison, transformée en église chrétienne du temps des Croisades, puis en école musulmane par Saladin, est aujourd'hui une poterie arabe.

48. L'église Saint-Jacques, où cet apôtre fut décapité.

49. La possession des Arméniens avec leurs places les plus belles de Jérusalem.

50. Cabanes habitées par les lépreux. Ces malheureux sont encore au nombre de trente environ à Jérusalem ; ils vivent en communauté. L'entrée de la ville leur est prohibée parce que la lèpre est contagieuse ; ils peuvent sortir par la porte Sion (51) contourner

les remparts et arriver jusqu'à la place publique des Européens (52) pour y demander l'aumône qu'on leur jette de loin.

La ville de Jésusalem a. quatre portes seulement : la porte de Jaffa (46) contre la citadelle, la porte de Sion (54), la porte de Damas (40) et la porte St-Étienne. Ces trois dernières portes sont fermées au coucher du soleil; seule, la porte de Jaffa reste ouverte jusqu'à 10 heures, à cause des pèlerins d'Europe.

Il y a bien une cinquième porte, mais elle est réservée aux piétons ; les cavaliers ne peuvent y passer ; elle s'appelle d'un nom arabe (Sterquiline), qui signifie l'aiguille. C'est au sujet de cette porte que Notre-Seigneur Jésus-Christ a prononcé cette mémorable parole : « Il est plus facile à un chameau de passer par le trou d'une aiguille qu'à un riche d'entrer dans le royaume des cieux ». Cette parole, sottement tournée en ridicule par d'orgueilleux ignorants, a de ce fait une explication bien simple : la porte de l'Aiguille, destinée aux seules personnes, est donc basse et étroite; il suit de là que, pour y faire passer un chameau, il faut le décharger d'abord, lui faire plier les genoux de devant et lui faire baisser la tête; à ces conditions, le chameau peut passer encore assez aisément. — Qui ne voit de suite l'application faite au riche! Il faut qu'il se décharge de ses richesses; ce n'est pas aussi facile que pour le chameau; il faut qu'il plie les genoux en s'humiliant. Est-ce encore aussi facile que pour les chameaux? Ainsi la parole de Jésus-Christ est admirablement vérifiée.

Jérusalem est divisée en trois grands quartiers bien distincts : ils sont si différents l'un de l'autre que l'étranger croirait changer de ville en se rendant de l'un à l'autre. Le quartier Juif, sur le mont Acra (2), compte douze mille habitants environ ; ils ont leurs synagogues. Présentement, on y voit un grand nombre de vieillards venus d'Allemagne, de Pologne et d'Algérie à Jérusalem, dans l'espoir d'y finir leurs jours et d'être ensevelis à la vallée de Josaphat, entre le village de Siloé et le jardin de Gethsémani.

Le quartier turc, sur le mont Bezetha (5), compte 8,000 habitants.

Enfin, le quartier chrétien, sur le mont Golgotha (1), peuplé de 8,000 schismatiques et 1,500 catholiques seulement.

La *Vallée de Gihon* (53) s'étend, à l'ouest de la ville, des établissements russes au Cénacle ; c'est à l'extrémité de cette vallée de Gihon, à la *Piscine supérieure* (61), qu'Isaïe prononça sa prophétie célèbre : « Qu'une vierge concevrait et enfanterait un fils qui serait appelé Emmanuel », et c'est là aussi que Salomon fut sacré roi, sur l'ordre de David son père, par le prophète Nathan et le grand-prêtre Sadoc. La vallée de *Hinnon* ou de la *Géhenne* (54), du *Cénacle*, au village de Siloé et à la vallée de Josaphat (25).

La vallée des Tiropéons traverse la ville de part en part, du nord au sud.

Le n° 55 est la piscine de Sion ou piscine intérieure.

La piscine probatique (n° 56 *bis*) est contre les murs du temple ; on venait y laver les animaux avant de les immoler. Les piscines, pleines d'eau en hiver, sont presque à sec en été. Le mont du Mauvais-Conseil (62), maison de campagne de Caïphe où fut complotée la mort de Jésus-Christ.

(55 *bis*). Ce chemin conduit à Bethléem, à 8 kilomètres de Jérusalem.

D'après le plan de Jérusalem, on peut se faire une idée exacte du parcours que Notre-Seigneur suivit la veille de sa mort : du jardin des Oliviers (24), où les soldats s'emparèrent de lui, chez Anne (56) où ils l'emmenèrent, il y a 1,500 mètres ; de chez Anne à la maison de Caïphe (23), 200 mètres ; de chez Caïphe au palais de Pilate (81), 1,100 mètres ; du palais de Pilate à celui d'Hérode-Antipas, Tétrarque de Galilée (57), 150 mètres, trajet qui fut fait deux fois ; car Notre-Seigneur fut ramené d'Hérode à Pilate, et de là, enfin, monta au Calvaire sur un parcours de 600 mètres, pendant lequel il portait sa Croix. La voie de la captivité de Notre-Seigneur, de *Gethsémani* au *Prétoire*, a donc été de 3,100 mètres, et la voie douloureuse du prétoire au Calvaire a été de 600 mètres. Total des deux voies de la Passion : 3,700 mètres.

LA VALLÉE DE JOSAPHAT *

La *vallée de-Josaphat* est une section de la longue *vallée de Cédron*, comprise entre la ville de *Jérusalem*, d'un côté, le *mont des Oliviers* et celui des *Offenses* ou du *Scandale* de l'autre. Ses plus anciennes dénominations bibliques sont celles de *Savé* et de *vallée du Roi*, mentionnés dans la *Genèse* à propos de la double entrevue qu'eut *Abraham* au retour d'une expédition glorieuse. Là, aux actions de grâce du roi de *Sodome* délivré par l'intervention des patriarches, se joignirent les bénédictions de *Melchisédech*, roi-pontife de la ville prédestinée de *Salem*. Inutile de se demander après cela pourquoi le titre de *royale* appliqué alors à la vallée, qu'on retrouve encore beaucoup plus tard à

* Extrait du journal *la Terre-Sainte*, 12, rue Vavin, Paris. (N° 87, 15 février 1879).

propos de la *main d'Absalon*. A ce lieu, toutefois, ne se rattachaient pas uniquement de nobles et souriantes images. Le torrent de *Cédron*, auquel il sert de lit, lui faisait partager l'odieux de toutes les impuretés qu'il recevait par des égouts, ou qu'on lui confiait spécialement en le chargeant de les charrier jusqu'à la mer de Sodome. C'est ainsi que de pieux rois, destructeurs des idoles, ordonnèrent de les brûler dans la vallée et d'y jeter tout ce qui avait servi à leur culte. D'ailleurs, les sépulcres du vulgaire ne devaient pas être loin de ses bords. La demeure d'illustres défunts se montrait en avant creusée dans le roc, et derrière, très probablement sur les mêmes pentes, aujourd'hui jonchées de tombes juives, prenaient place les morts ignorés. Vint le jour où la *vallée de Cédron* fut désignée comme le lieu du rassemblement général de l'humanité à la fin des temps, et alors qu'elle teinte lugubre répandue sur sa cavité ! « J'assemblerai tous les peuples, dit le Seigneur, et les emmènerai dans la vallée de Josaphat où j'entrerai en jugement avec eux touchant Israël, mon peuple et mon héritage qu'ils ont disposé parmi les nations. » (Joël, III, 2). Evidemment, pour savoir de quelle vallée il s'agit, le nom de *Josaphat* est par lui-même de très peu de ressource, puisqu'il signifie *jugement* et que, comme nom propre de lieu, il n'a pas eu antérieurement son application ni dans l'*Ecriture*, ni ailleurs. Aussi aurait-on tort de lui demander lumière, à part d'un contexte qui ne cesse de mettre en scène *Jérusalem* pressurée par les nations ; ce qui amène à chercher laquelle de ses profondeurs servira un jour à de terribles représailles. Mais cette prophétie n'est pas la seule.

Zacharie, parlant à son tour et des nations qui combattront *Jérusalem,* et des rigueurs dont elle sera ensuite l'objet, marque l'endroit précis ou paraîtra le

Souverain-Juge, et de plus ce qui arrivera pour la rendre suffisamment spacieuse. Là, en ce jour, le Seigneur posera ses pieds sur le *mont des Oliviers*, situé vis-à-vis de *Jérusalem* à l'orient, et le mont des Oliviers se fendra en deux, vers l'orient et vers l'occident à une très grande profondeur, pour se jeter ensuite, moitié du côté de l'aquilon et moitié du côté du midi; par suite se trouvera comblée la vallée des montagnes (la vallée de Mello, entre le *Moria* et *Sion*), vers laquelle vous chercherez à fuir, comme au jour du tremblement de terre sous Ozias, roi de Juda, et *alors viendra le Seigneur et tous ses Saints avec lui* » (Zacharie, xiv, 4). Quand, après les prophètes, *Jésus-Christ* lui-même prédit le jugement universel et annonce sa dernière venue, c'est, nous le savons, assis sur le mont des Oliviers, au-dessus de la vallée de Cédron, tout près du sommet où il doit s'élever vers le ciel et où alors deux anges informèrent les apôtres qu'il reviendra un jour absolument de la même manière qu'ils l'ont vu monter. A un ensemble aussi concluant s'ajoute le fait d'une tradition unanime, vivace surtout parmi les *Juifs* où elle a pris naissance, dont le nom de *Josaphat* est resté l'expression pour tous. Tout en usant de ce nom, les chrétiens lui ont parfois substitué dans le même sens celui de *vallée de Tristesse* ou *vallée des Larmes.*

Il existe sans doute sur notre globe des vallées beaucoup plus spacieuses, lesquelles, sous ce rapport, paraîtraient mieux convenir au rassemblement général des derniers jours. Mais où trouver un lieu plus accusateur contre ceux qui se seront déclarés les ennemis de Dieu et de son Christ? Sur la gauche, où seront placés les pécheurs, que de malédiction déjà ! N'est-ce pas, en effet, ce que nous rappellent le mont du Scandale, le figuier stérile, l'arbre auquel se pendit Judas, la vallée de la Géhenne, le tombeau d'Absalon-le-Rebelle et aussi le cimetière des Juifs, le peuple réprouvé? A droite, au contraire, en bas du *Vir Galilæi*, exempt de souvenirs néfastes, l'on rencontre avec bonheur le tombeau de la plus pure des Vierges : « O lit sacré! » s'écriait au septième siècle *Modeste*, patriarche de Jérusalem : « auquel fut confié le très saint corps de la très glorieuse Mère de Dieu, sur lequel les saints Anges et les divins Apôtres la transportèrent en chantant des hymnes à la louange et à la gloire de son Fils, notre Dieu. Ils l'ensevelirent dans un monument, asile non de mort mais de vie, en un lieu qu'on appelle Gethsémani; ce que firent les témoins oculaires, ce que firent les ministres du Verbe, eux et les saints qui les accompagnaient dans le but de nous rendre propice par sa méditation le très bon et très juste juge, sorti de ses entrailles, le Christ Dieu, celui-là même qui, devant descendre du Ciel avec gloire et éclat, viendra se placer *là où les prophètes l'ont annoncé*, pour ensuite, de concert avec les saints Anges et les divins Apôtres, juger les vivants et les morts. »

Si, devant mourir à Jérusalem, j'avais le choix de ma sépulture, c'est bien certainement à Gethsémani que je voudrais attendre le jour de la Résurrection.

DE JÉRUSALEM A BETHLÉEM*

Il n'y a que deux petites lieues de Jérusalem à Bethléem, et le chemin est très bon si on le compare aux autres de la Palestine, qui ne sont, pour la plupart, que des sentiers plus ou moins rocailleux et abrupts. C'était une des cinq routes royales qui conduisaient à Jérusalem ; elle était autrefois pavée, ombragée, entourée de jardins, de vignes, de roses et de plantes odoriférantes. Tout cela a disparu, sans doute; mais ce qui restera toujours, ce sont les souvenirs, et ce qui la rend infiniment chère aux pèlerins, c'est qu'elle conduit à la crèche de Jésus-Christ. Jacob, David, les Mages, la Sainte-Vierge et saint Joseph, notre Sauveur ont suivi le même chemin Quelles émotions une telle route ne doit-elle pas faire naître dans des cœurs chrétiens !

On sort par la porte de Jaffa ou de Bethléem, et l'on se dirige à gauche, vers le sud, laissant à droite les routes de Jaffa et de Saint-Jean, dans les montagnes; on traverse la vallée de Gihon, que l'on descend, laissant à droite l'hôpital Juif, et à gauche la *Piscine Inférieure* (birkt-el-sultan), et un peu plus loin le mont du Mauvais-Conseil, et l'on entre bientôt dans la *vallée de Raphaïm* ou *des Géants* (el-béékaa des Indigènes), si célèbre dans l'Ecriture[1]. Les Philistins y sont venus

---

* Ces notes sont prises des ouvrages spéciaux de Mgr Meslin et du frère Lieven.

(1) *Josué*, xv, 8 ; xviii, 16; *Rois*, v, 18; I *Paralipomains*, xi, 15 ; xiv, 9.

camper plusieurs fois aux portes de Jérusalem, et y ont été battus par David, qui leur enleva leurs idoles; c'est le seul endroit où on trouve quelques champs autour de la ville. Cette plaine fertile a une lieue de longueur jusqu'au couvent de Saint-Élie ; sa largeur est un peu moins considérable.

A deux milles de la ville et à une petite distance, à la droite du chemin, est la *Tour de Saint-Siméon*, celui qui reçut l'Enfant-Jésus dans ses bras.

Il existe une charmante tradition au sujet d'un arbre de cette vallée. A moitié chemin environ, entre Jérusalem et Bethléem et à un jet de pierre du puits des Mages, il y avait un *térébinthe* sous lequel on disait que s'était reposée la Sainte-Vierge lorsqu'elle portait l'Enfant-Jésus au Temple. Tandis que la Sainte-Famille était réunie sous ses branches avec les deux tourterelles qui devaient être offertes au Seigneur, l'arbre s'était incliné, en étendant ses rameaux comme une couronne, pour saluer cet Enfant qui était le Dieu de la nature, comme il est dit dans l'Ecriture : « J'ai étendu mes rameaux comme le térébinthe, et mes rameaux sont des rameaux d'honneur et de grâce » (Eccl:, XXIV, 22). Tous les pèlerins baisaient cet arbre en souvenir de cet événement; il fut brûlé en 1645 par un arabe qui voulait empêcher qu'on foulât son champ; il n'y a plus à la place qu'un tas de pierres.

Au pied de la colline, on trouve bientôt *le puits des Trois-Rois*. C'est là que *l'Étoile* apparut de nouveau aux *Mages* et qu'à sa vue ils furent transportés d'une grande joie (Math. II, 10). Il y avait autrefois un couvent. Le puits est au milieu du chemin et entouré de pierres ; deux auges en pierre servent à abreuver les animaux, les Arabes l'appellent *Puits de l'Étoile*.

Dans les environs du *puits des Trois-Rois*, on montre le *Champ des Pois-Chiches*, que d'anciens voyageurs placent au contraire de l'autre côté de la colline, entre le tombeau de Rachel et la tour de Jacob. On rapporte que Notre-Sauveur ou la Sainte-Vierge passait par là, et qu'ayant vu un homme qui semait des pois, lui demanda amicalement ce qu'il semait. Cet homme lui répondit ironiquement qu'il semait des pierres. Tu recueilleras ce que tu as semé, lui fut-il répliqué ; et, en effet, lorsque cet homme vint faire sa récolte, il ne trouva que des pierres ; et aujourd'hui encore le champ est couvert de pierres qui ressemblent à des pois. Le prophète Elie en avait fait autant au *Champ des Melons*, au mont Carmel.

Au haut de la colline, sur un petit plateau à gauche du chemin, en venant de Jérusalem, est *le couvent grec de Saint-Élie* ; c'est une forteresse qui pourrait soutenir un siége ; les murs sont très élevés, presque sans ouverture ; la porte est en fer, basse et très forte, suivant cette parole du proverbe : « Que celui qui agrandit sa porte cherche sa ruine » ; les fenêtres sont fort hautes, petites et garnies de barreaux ; le couvent est quadrangulaire, l'église est surmontée d'une coupole supportée par quatre piliers. Il y a peu de religieux. A droite du chemin, on monte un rocher sur lequel on dit que le prophète Élie s'est couché lorsque, fuyant la colère de Jézabel, il vint dans les déserts de Judée (III, Rois, XIX, 3).

Non loin du rocher d'Elie étaient jadis les ruines de la maison du prophète Habacuc, plus tard convertie en église. On croit que c'est là que se trouvait ce prophète lorsqu'il portait dans les champs le dîner aux moissonneurs et que l'Ange du Seigneur le saisit par les cheveux et le transporta à Babylone, près de Daniel, qui était dans la fosse aux lions. (Dan., XIV, 32, etc.). Du sommet de cette colline, on aperçoit à la fois Bethléem, le St-Sépulcre et le mont des Oliviers.

Du couvent de Saint-Elie part un chemin à droite, qui mène à *Beit-djalla*, où le patriarche de Jérusalem a fondé son séminaire; puis, bientôt après, avant d'arriver au tombeau de Rachel, part du même coté un autre chemin qui mène aux *Vasques de Salomon* et ensuite à Hébron. C'est des vasques ou étangs artificiels de Salomon que partait l'aquéduc qui abreuvait les villes de Bethléem et de Jérusalem, aquéduc que l'on retrouve encore en plusieurs endroits le long du chemin, particulièrement proche le tombeau de Rachel. En se dirigeant vers le tombeau de Rachel, on aperçoit à la droite du chemin, sur une petite colline, les ruines d'un ancien édifice appelé *la Tour de Jacob*. C'est là que les chevaliers de Malte, sur la demande de l'empereur d'Autriche, viennent de fonder une maison de leur ordre pour la protection des pèlerins, et que l'ambassadeur d'Autriche a sa maison de campagne.

Le tombeau de Rachel est sur la droite du chemin, à deux milles de distance de Bethléem. Jacob revenait avec sa femme de Mésopotamie, lorsqu'elle mourut en mettant au monde *Benjamin*. Elle fut ensevelie sur le chemin *d'Ephrata* (Bethléem), et Jacob mit un cippe sur son tombeau; c'est le cippe du tombeau de Rachel qu'on voyait du temps des mages (Jérus., XXXX, 19, 20). Plus de sept cents ans après, lorsque le prophète Samuël eut consacré Saül roi, il lui parla de ce tombeau auprès duquel le nouveau roi devait trouver les envoyés de son père (I, Rois, x, 2). Au quatrième siècle, saint Jérôme l'a vu; au septième, saint Arculphe; au douzième, Edrisi, etc. Lorsque les Musulmans se rendirent maîtres du pays, ils le réparèrent et les Juifs en firent l'acquisition en 1841. Aujourd'hui, il est précédé d'un vestibule et d'un mur d'enceinte. C'est une bâtisse très ordinaire, blanchie à la chaux, suivant la coutume des juifs et surmontée d'une petite coupole.

Quelques minutes avant d'arriver à la porte-nord, on trouve à gauche quelques citernes apppelées les *citernes de David*. On pense communément qu'une de ces citernes est celle dont il est question au deuxième livre des Lois (xxii) et au deuxième livre des Paralipomènes (1) ; il y est dit que David, se trouvant dans la caverne d'Odollam pendant que l'armée des Philistins occupait la plaine de Raphaïm et de Bethléem, ayant eu soif et témoigné le désir d'avoir de l'eau de la *citerne qui était près de la porte de Bethléem*, trois vaillants hommes passèrent à travers le camp ennemi, vinrent puiser de l'eau à la citerne et la portèrent au saint roi ; mais il la refusa en disant : « A Dieu me plaise que je boive le sang de ces hommes qui sont allés à la citerne au péril de leur vie ! » et il l'offrait au Seigneur. C'est près de la citerne de David qu'on a une des plus belles vues de Bethléem, dont on n'est plus séparé que par la profonde vallée *(wadi el-Kharûbeh)*. Cette petite vallée, qui s'étend à l'orient de Bethléem, dans la direction du village des Pasteurs, a près d'une lieue de longueur ; c'est le seul endroit de la contrée qui réponde à l'idée que nous avons d'une campagne arable. Elle se dirige vers la *mer Morte* (le lieu, dit-on, le plus bas de la terre, à 438 mètres au-dessous du niveau de la mer Méditerranée), et est entourée de montagnes au-dessus desquelles se dresse, comme une immense pyramide, la *montagne des Francs*.

BETHLÉEM

Bethléem, de Judée ou Ephrata (la fructueuse), est située à 846 mètres ou 2,538 pieds au-dessus du niveau de la Méditerranée, 59 pieds de plus que Jérusalem. Autrefois entourée de murailles, elle est aujourd'hui ville ouverte ; elle est assise sur deux collines de matière crayeuse et entourée, comme Jérusalem, de trois profondes vallées, bien cultivées et plantées d'arbres ; elle s'étend en longueur de l'ouest à l'est. Elle est divisée en huit quartiers ou *harat*. La basilique Sainte-Marie, les couvents latins, grecs et arméniens, occupent la colline orientale ou *haret el Déir*. La place qui précède la basilique forme un autre quartier. De même, la partie méridionale de la colline, sur laquelle se trouvent les couvents grecs et arméniens, et la partie sud de la ville, les maisons échelonnées sur les parties septentrionales et occidentales, forment deux quartiers. Le quartier musulman s'étend vers l'occident. sur les collines les plus élevées, et s'appelle *Haret-el-Fouaghreh* (28). Les Latins sont disséminés dans les autres quartiers. Bethléem compte 5,000 habitants, dont 2,500 catholiques , 1,700 Grecs schismatiques , 700 Arméniens aussi schismatiques , 25 protestants et une centaine de musulmans. La *paroisse catholique* est desservie par les franciscains, qui y ont une école pour les garçons ; un orphelinat pour les garçons dirigé par l'abbé Belloni, prêtre du patriarchat. Les sœurs de Saint-Joseph-de-l'Apparition y instruisent les filles. En outre, un monastère de carmélites vient d'être fondé à Bethléem par une simple sœur converse, née à Saint-Jean-d'Acre, sachant à peine lire et écrire, mais que Dieu avait comblée de dons extraordinaires : stigmates, extases, etc., inouïs en Orient depuis des siècles. Le plan qu'elle a donné pour le carmel de Bethléem ne ressemble en rien aux autres : c'est une grande tour, *turris Davidica*, qui s'élève en face, au sud de Bethléem, sur une colline où, suivant la tradition, David conduisait son troupeau. De loin, cette tour au milieu de la clôture du monastère la fait assez bien ressembler à une forteresse de Marie, mais encore inachevée.

L'époque de la fondation de Bethléem se perd dans la nuit des temps. Elle existait déjà 1740 ans avant Jésus-Christ. Abisun, qui avait 30 fils et 30 filles, y reçut le jour et y jugea le peuple pendant 7 ans (1175 ans avant Jésus-Christ). La malheureuse femme du lévite d'Ephraïm, dont le corps, après une mort des plus violentes, fut coupé en 12 morceaux et envoyé aux 12 tribus d'Israël, était de Bethléem. Alimelech et Noémie, dont le fils Mahalon épousa Ruth la moabite, qui, devenue veuve, vint avec sa belle-mère à Bethléem où elle fut épousée par Booz, né lui aussi à Bethléem dont elle eut un fils, Obed, père de Jephté, qui fut père d'Isaac, père de David (1087 ans avant Jésus-Christ). David fut sacré roi d'Israël à Bethléem, par le prophète Samuël, par ordre de Dieu (1072 ans avant J.-C.). Mathan et son fils Jacob, père de Joseph, l'époux de Marie, naquirent à Behtléem. Enfin, c'est à Bethléem que la Sainte-Vierge-Marie mit au monde le Sauveur du genre humain, que les bergers et les mages y vinrent adorer. Les premiers chrétiens bâtirent sur les lieux de la naissance de Jésus-Christ un oratoire que l'empereur Adrien renversa en 135; il entoura ce lieu auguste d'un bois consacré à Adonis et fit adorer Vénus sur la crèche même. Mais cette profanation même servit à conserver intacte la tradition. En 327, sainte Hélène purifia ce lieu et y commença la belle basilique de la Nativité, qui fut achevée par son fils Constantin. C'est la seule de cette époque qui soit demeurée sur pied dans la Palestine. Lors des croisades, Beaudouin Ier s'y fit sacrer roi de Jérusalem, et le pape Pascal l'érigea en cathédrale; il y a eu huit évêques.

Cette église est orientée et n'a qu'une seule porte donnant en dehors et ouvrant à l'ouest, vers la ville, sur la place, jadis l'atrium de la basilique; elle a 5 nefs formées par quatre rangées de colonnes monolithes en pierre dure, calcaire et rougeâtre, veinées de blanc, paraissant être de marbre. Les cinq nefs sont séparées du chœur par un mur ou transept bâti en 1842 par les grecs schismatiques. La partie occidentale du chœur (qui est à trois absides) est exhaussée d'environ 70 centimètres au-dessus du reste du sol; c'est au-dessous de cet exhaussement que se trouve la grotte de la Nativité-du-Sauveur. Vers l'extrémité ouest de la basilique se trouvent deux portes latérales en fer : celle du nord donne dans le couvent des Pères de Terre-Sainte, et celle du sud dans celui des grecs schismatiques. La longueur totale de l'édifice est 63^m 30^c, et la longueur totale de la nef de 26^m 30^c; il est recouvert d'un toit en charpente, sans plafond, dont on voit les poutres.

On va à la grotte de la Nativité par deux passages : 1° par une porte située au fond de l'église Sainte-Catherine du couvent des franciscains; cette porte donne dans le chœur de la basilique, que l'on traverse en passant devant un autel arménien, et on arrive au côté nord de l'exhaussement, à un escalier de seize marches qui donne dans la Sainte-Grotte; au côté sud de l'exhaussement, un autre escalier de treize marches y mène également; 2° le second passage conduit à la Sainte-Grotte par un escalier souterrain qui a son entrée vers le milieu de l'église Sainte-Cathe-rine; la grotte ou la chapelle souterraine de la Nati-vité a 10ᵐ 35ᶜ de long sur 3 à 4 mètres de large. Trente-deux lampes, dont sept aux Latins, y brûlent continuellement. Elle est pavée de larges dalles en marbre blanc. Les parois des rochers servant de murs sont couverts de semblables plaques, le haut est une voûte fatice; des draperies en soie recouvrent les murs. Le lieu précis de la Nativité est dans la partie orien-tale; le rocher forme une petite excavation et il est recouvert de marbre blanc; le pavé, aussi recouvert de marbre, est incrusté de jaspe et porphyre, et au milieu il y avait une étoile d'argent sur laquelle étaient gravés ces mots : « *Hic de Virgine Jésus-Christus natus est* » (Ici, de la Vierge-Marie est né Jésus-Christ). Les Grecs l'ont volée de force aux Latins et se sont mis en possession de ce lieu si saint. A 3 mètres sud-ouest de cet abside, on descend par 3 degrés dans l'*Oratoire de la Crèche*. C'est une excavation de 2ᵐ 50ᶜ de long sur 2ᵐ 30ᶜ de large. Elle est incrustée dans le roc; le haut des côtés nord et nord-est qui sont ouverts est soutenu par trois antiques colonnes de marbre. C'est là que la Sainte-Vierge plaça l'Enfant-Jésus entre un âne et un bœuf; c'est là qu'il fut adoré des bergers et des mages. Cette grotte appartient aux catholiques; mais comme elle est trop petite pour qu'on puisse y dire la messe, on a dressé un autel vis-à-vis appelé, l'*Autel des Mages*. Vers le fond de la grotte s'ouvre une porte qui sert d'entrée secondaire et qui conduit à travers des corridors souterrains aux chapelles de Saint-Joseph, des Innocents, et aux autels érigés sur les tombeaux de saint Eusèbe de Crémone, de sainte Paule et de sainte Eustochie, et enfin de saint Jérôme, d'où on passe dans le célèbre oratoire de ce saint où il traduisit la vulgate et où il mourut dans le double exercice de l'étude et de la prière, à l'âge de 88 ans. Ces mêmes corridors conduisent jusque dans l'église Sainte-Catherine, au couvent des franciscains. C'était jadis l'emplacement du monastère des filles, construit par sainte Paule. Aujourd'hui, les religieux y hébergent les pèlerins ; l'entrée est à l'ouest comme celle de la basilique et donne sur le cimetière ouvert des grecs schismatiques, qu'il faut nécessairement traverser pour y arriver. Les couvents grecs et arméniens flanquent la basilique du côté du sud.

De l'angle sud-ouest de la place ou parvis de la basilique, partent trois chemins, savoir : l'un, au sud-ouest, qui conduit aux *Vasques* ou *Etangs de Salomon*, au *Jardin fermé* et à la *Fontaine Scallée* ; le 2e, qui descend dans la vallée *Wâdi el-Saich*, où le berger David gardait ses troupeaux, et va à la *Montagne des Francs* ; le 3e, au sud-est, qui conduit en 4 ou 5 minutes (220m) à la *Grotte du Lait* ; et plus loin, en descendant le sentier, après sept minutes de marche, à la *maison de saint Joseph*. Viennent ensuite, non loin de là, le *village des Pasteurs*, les *Champs de Booz* où glanait *Ruth la Moabite*, et la *Grotte des Pasteurs*, située au milieu d'un carré d'oliviers et entourée d'un mur de pierres sèches. Il y avait jadis une église et un couvent. Cette grotte appartient aux Grecs ; on y descend par un escalier de 21 degrés.

RÉPERTOIRE

PLAN DE JÉRUSALEM

1. Golgotha calvaire (mont).
2. Acra (mont).
3 Sion (mont).
4. Moria (mont).
5. Bezetha (mont).
6. Gihon (mont).
7. Forteresse de David.
8. Maison d'Urie.
9. Mosquée d'Omar.
10. Palais du Pacha.
11. Eglise de la Présentation.
12. Murs de Salomon.
13. Couvent de l'*Ecce-Homo*.
14. Porte Judiciaire.
15. 2* station, au bas de la *Scala-Sancta*.
16. 3* station.
17. 4e station.
18. Maison du Mauvais Riche.
19. 5e station.
20. 6e station.
21. Le Saint-Sépulcre.
22. Le Cénacle.
23. Le palais de Caïphe.
24. Jardin des Oliviers.
25. Vallée de Josaphat.
26. Mont du Scandale.
27. Tombeau de la Sainte-Vierge, de saint Joseph, de sainte Anne et de saint Joachim.
28. Village de Siloé.
29. Maison de Siméon.
30. Grotte de saint Pierre.
31. Où Jésus pleura sur Jérusalem.
32. Piscine du *Credo*.
33. Eglise du *Pater*.
34. Eglise de l'Ascension.
35. Porte Dorée.
36. Eglise Sainte-Anne.
37. Camp des Francs.
38. Brèche de Godefroy de Bouillon.
39. Grotte de Jérémie.
40. Porte de Damas.
41. Couvent du Saint-Sauveur.
42. Hôtellerie des Franciscains
43. Patriarcat latin.
43 *bis*. Tour Pséphina.
44. Etablissements russes.
45. Cathédrale russe.
46. Porte et route de Jaffa.
47. Temple protestant (palais d Hérode-le-Grand).
48. Eglise Saint-Jacques.
49. Possessions arméniennes.
50. Cabanes des lépreux.
51. Porte de Sion.
52. Place des Européens.
53. Vallée de Gihon.
54. Vallée de la Géhenne.

55. Piscine Intérieure.
55 *bis.* Chemin de Bethléem.
56. Maison d'Anne.
56 *bis.* Piscine Probatique.
57. Palais d'Hérode Antipas.
58. Maison de Simon le Pharisien.
59. Piscine de Siloë
60. Piscine supérieure (vallée de Gihon).
61. Piscine inférieure ou bisket-el-Sultan.
62. Mont du Mauvais Conseil.
63. Hospice du juif Montefiori.
64. Etang de Salomon.
65. Lieu du martyre d'Isaïe scié en deux par ordre du roi Manassés.
66. Jardin du roi.
67. Puits de Rogel.
68. Fontaine de Siloë ou de la Vierge.
69. Hauteurs de Tophet (temple de Moloch).
70. Grotte des Apôtres.
71. Champ d'Haceldama..
72. Ruines de Saint-Jean de Jérusalem.
73. Tour Pséphina (frères des écoles chrétiennes).
74. Hospice autrichien.
75. Synagogues juives.
76. Synagogue juive.
77. Chemin de Béthanie.
78. Viri Galilæi.
79. Tombeau d'Absalon et de Josaphat.
80. Tombeaux de saint Jacques et de Zacharie.
81. Tour Antonia, prétoire de Pilate (caserne turque).
82. Eglise de la Flagellation.
83. Maison de campagne de Caïphe (camp de Pompée.
84. Camp de Titus (établissements russes).
85. Montagne des Oliviers (camp de Tancrède).
86
87
88
89
90
91
92
93
94
95
96
} Enceinte ou ligne de circonvallation de Titus.
97. Camp de Raymond V, comte de Toulouse.
98. Cimetières juifs.
99. Cimetières musulmans.
100. Trahison de Judas.

N. B. L'enceinte ou ligne de circonvallation de Titus passait au mont du Scandale (86, auprès du *Dominus flavit,* où Jésus-Christ pleura sur la ville et lui prédit sa ruino et qu'elle serait environnée de tranchées, etc. (87), continuait sur la même montagne (88), traversait la vallée de Josaphat dans la direction du mont Bézetha (89), allait droit à la tour Pséphina (90), d'où elle remontait, en forme de langue, la route de Jaffa (91), jusqu'au-dessus de la Piscine supérieure et du tombeau d'Hérode (92), longeait le plateau qui domine la vallée de Gihon (93, 94), passait au mont du Mauvais-Conseil, au-dessous de la maison de Caïphe ; puis, au-dessus d'Haceldama et de Tophet (95, 96), traversait le Cédron, au-dessous du puits de Rogel et rejoignait le mont du Scandale.

PLAN DE BETHLÉEM

1. Plaine de Raphaïm.
2. Tour de Saint-Siméon.
3. Le Térébinthe.
4. Puits des Trois-Rois-Mages
5. Champ des Pois-Chiches.
6. Couvent grec de St-Elie.
7. Chemin de Beitjalla.
8. Tour de Jacob.
9. Tombeau de Rachel.
10. Chemin d'Hébrou.
11. Citernes de David.
12 Vallée d'El-Karoubch.
13. Porte de Bethléem.
14. Orphelinat Belloni.
15. St-Joseph de l'Apparition.
16. Eglise Sainte-Catherine.
17. Basilique de la Nativité.
18. Couvent des Franciscains.
19. Couvent grec et arménien.
20. Grotte de la Nativité.
21. Cimetière grec.
22. Parvis de la Basilique.
23. Chemin des vasques de Salomon.
24. Chemin de Wadid-Saich.
25. Grotte du Lait.
26. Maison de Saint-Joseph.
27. Village des Pasteurs.
28. Champ de Booz.
29. Grotte des Pasteurs.
28. Haret-el-Fouagreh (quartier musulman.

Toulouse, typ. DUPIN-ROUX, succ^r, rue de la Pomme, 28.